AF176513

Liebe Leserinnen und liebe Leser,
in diesem Jahr habe ich nun meinen Traum
wahr werden lassen. Ein Traum, welchen ich
schon sehr viele Jahre träume und im Innern
mit mir herumtrage.

Im Jahr 2006 begann ich Texte zu schreiben,
die bis heute entstanden sind und noch
weitere entstehen, die dem Sammelwerk
angehören. Zunächst waren es daher
gewürfelte Satzbausteine die bis heute zu
Songtexten, Kurzgeschichten und sogar
Bühnenauftritten vorbereitet und umgesetzt
wurden.

Es ist mir eine ganz besondere Ehre und
Freude, mit Ihnen nun dieses Werk teilen zu
dürfen. Ich möchte Sie, liebe Leserinnen und
liebe Leser, in den Bann der Lyrik ziehen und
Ihnen immer wieder aufs Neue, Begeisterung
schenken, gar sich von den Werken „fesseln“
zu lassen.
Eine hohe Anzahl der Texte wurden von mir
selbst handschriftlich mit Füllerhalter und
Tinte verfasst. Seit meiner Schulzeit begleitet
mich der Füller. Den Füller ablegen konnte ich

nicht und kommt mir nach wie vor auch nicht in den Sinn.

Nun möchte ich, dass Sie eintauchen in die Welt der Philosophie, die Welt unserer Gedanken, unserer Erlebnisse aber auch unserer Träume und Ziele.
In diesem Band möchte ich Ihnen, meine Liebe zum Wort und die Liebe zur Schrift mit meinen Emotionen und Gedankenergüssen näherbringen.

Lassen Sie sich auf diese Reise ein und wir können uns näher sein, als nur im Wort, in jener Schrift, bei Tinte und Papier.

Herzliche Grüße

Christian Hofmann, September 2019
Neuauflage 2021

Inhaltsverzeichnis

Entgegen der Zeit – Aus allen Lebenslagen

Neuauflage 2021

© 2021
Herstellung und Verlag: BoD – Books on Demand,
Norderstedt
ISBN: 978-3-7526-2007-8

Diamantenstein

Ich schreibe bis zu meinem Tod
Jedes Wort ist mein Atemzug
Wort um Wort, meine Lunge gefüllt mit Luft
Frische Tinte der Feder, meines Lebens Duft

Ich bringe Leben aufs Papier
Mit den Gedanken aus dem Innern, aus mir
Hoffnung, Glück und Zuversicht
Aus aller Lage, so hell wie das Sonnenlicht

Verschwende keine Zeit mehr an böse
Geister
Nimm mir Zeit zum Glücklich sein
Es liegt in meiner Hand, ich nehme es an
Gedanken poliert wie ein Diamantenstein

Ich schaffe Platz und Zeit für meine Seele
Auf besseren Wegen werde ich gehen
Keinen Spendentrost für den Schattengeist
Ich geh gelöst und selbstbefreit

Es ist alles nur im Kopf, da drin
Alles halb zu greifen, halb so schlimm
Immer am Schreiben, immer voll dabei
Mit ganzem Herzen, Leib und Seele
Darum ist er auch so geil – genial
Der Weg den ich gehe

Ich spreche ein Lob auf dieses Hoch
Mein allergrößter Dank
Auf die Stapfen die ich trete
Auf den Weg den ich für mich fand

In Meiner Welt

Das Feuer brennt in meiner Seele
Der Atem pumpt durch meine Lunge
Trage Wort und Gefühl nach außen
Mir liegt mein Herz auf meiner Zunge

Ich spreche aus was ich denke
Zeige euch was ich fühle, wer ich bin
Ich schaffe meine Welt in mir
Keiner kann verändern, was ich habe und
was ich will

Ist kein Paradies zu finden, draußen in der
Welt
Schaffe ich mir eins hier drinnen, in mir
Da wo ich weiß, wo es nie wieder mehr
zerfällt
Frieden tief in mir, Ruhe und Kraft
Alles was du denkst und machst, ist die Welt
Die du in dir erschaffst

Keine Zeit für schlechte Gedanken
Keinen Platz für Schrott und Angst
All woraus deine Träume sind, werden hier
wahr
Weil du schaffst, was du wirklich kannst

Ich lade dich ein, komm herein
Trete ein in meine Welt
Nimm dir was du haben willst und brauchst
Sie ist frei von Habgier, Scheiße und Geld

Hier gibt's weder Ruhm noch Gold
Pokale und Trophäen
Hier gibt's das pure Glück in deine Hand
Lass es uns im Wind austragen und weiteres
für uns säen

Komm in meine Welt
Hier wirst du Willkommen sein
Hier ist alles was du siehst auch echt
Nichts verkehrt, nichts versteckt unter
einem Stein

Hier ist nichts verdrossen
Alles Gesagte, dir versprochen
Ich helfe dir, dich wieder zu finden und an
dich zu glauben
Hier wird kein Wort jemals gebrochen

Schreiben [Schriftstellerei]

Schreiben bedeutet für mich
Frei sein zu können, Entfaltung meiner
Gedanken
Sortierung meiner Gefühle
Es lösen sich Nebelwände, es öffnen sich
Schranken

Wort und Schrift
Tinte, Feder in Facetten mich befinden
Alles mit meinem Geiste beschreiben
Ist für mich mehr als Wohlempfinden

Ob Reime, Verse, Poesie, Gedicht
Ob dunkle Lyrik oder in hellem Licht
Ob matt oder glänzend schön
Schreiben werde ich für mein Leben gern

Ob Philosoph, Dichter, Denker,
Songwriter oder Schriftsteller
Gib mir Papier, Füllerhalter
Und mein Herz schlägt gleich schneller

Dramatik, Gefühl, Trauer, Liebe, Leid
Freunde, Feinde, festgehalten im Text der
Zeit
Frühling, Sommer, Herbst, der Winter
Ich will keinen Preis, denn im Herzen bin ich
Meines Weges schon längst Gewinner

Ich liebe dieses Leben
Es zu beschreiben, da spüre ich mich
Jede meiner einzelnen Faser, jede Strähne
Ich liebe das Wort, die Schrift, alles was ich
erwähne

Ich könnte weiterschreiben
Ohne Punkt, ohne Komma, ohne Ende
Wenn die Gedanken sprudeln
Kommt der Füller in meine Hände

Kartoffelbrei Mit Senf Dabei

Speck und Zwiebel, Sauerbraten
Schwein am Spieß und Spiegelei
Vollgekleckert, Fett am Kragen
Was für eine schöne Sauerei

Wiener Würstchen, Kartoffelbrei
Frische Haxe mit Senf dabei
Currywurst und Pommes frites
Honig mit Rosenkohl, igitt, war nur ein Witz

Rosenkohl und Apfelmus
Dazu noch ein süßer Schokoschmus
Erdbeertörtchen und Tiramisu
Ist das lecker, hey hört mir zu

Ist die Wampe vollgegessen
Und sind die Teller leer gefressen
Ein letzter Schluck vom feinen Wein
Oh wie herrlich kann das Leben sein
Noch nicht genug, jetzt kommt noch Bier
Ein Stück vom Reh, das arme Tier
Dosenfutter ist nicht gesund
Ach drauf geschissen, >mmpphhfff< voll ist
der Mund

Flexibel Einsetzbar

Es ist eine Neuauflage
Der Zustand vergangener Tage
Alles ist recyclebar
Ich bin nur ein Leiharbeiter

Jederzeit eingriffsbereit
Kippt einer um, ist es für mich soweit
Flexibel einsetzbar
Deutschlands Arbeit wunderbar

Blockern, rackern und malochen,
Leiharbeiter sind die Doofen
Ausgenutzt und abgewrackt
Geht es weiter in den nächsten Trakt

Auf der Verheizliste ganz oben,
auf der Gehaltsliste ganz unten
Ein Leben von ausgestoßenen Hunden

Lachen ist verboten
Hier gibt's nichts zu loben
Du darfst nicht kommunizieren
Nur ausschließlich produzieren

Auf Toilette gehen kann man zu Hause
Dafür braucht man keine Pause
Doch atmen ja ich muss
Doch wenn möglich erst nach Arbeitsschluss

Heute Verlierer – Morgen Gewinner

Zu Boden fallen, liegend schweigen
Fäuste ballen, aufstehen Zähne zeigen
Scheitern doch nicht stehen bleiben
Weitergehen und den Weg bestreiten

Wenn du fällst und auch ins Nichts
Komm zurück, Kämpfer des Lichts
Die Masse buht dich aus, steck es ein
Steck es weg, stehe auf und ruh dich aus

Heute Verlierer, morgen Gewinner
Wunden heilen, der Wille bleibt für immer
Steck es ein, nimm es heut´ mal hin
Den Sieg vor Augen, der Geist gewinnt

Das Leben ist ein Auf und ein Ab
Treppe hoch und der Fall herunter
Leb täglich deine Farben
Und das Leben es wird bunter

Jeder Sieger musste schon mal verlieren
Nur Verlierer wissen den Preis zu schätzen
Wunden heilen, Narben verblassen
Nichts kann Mut und Ehre brechen oder
verletzen

Winde wehen, Stürme ziehen auf und legen
sich
Halt deine Deckung und vertu sie nicht
Warte auf den Moment, auf den richtigen
Tag
Hole aus, setze an und nach, für den
perfekten Schlag

Auf Die Liebe – Auf Das Leben

Die Tage werden rauer
Mein Gemüt es wird kälter
Kein kleiner dummer Junge mehr
Das Leben macht mich älter

Als Kind teilte man noch so gerne
Träumte gemeinsam
Augen leuchteten wie Sterne
Doch auf dem Weg verändern die Menschen
uns
Was am Ende bleibt
Namen Schatten und Dunst

Viel Wirbel, viel Wind um nix
Heute ist nix viel, was du kriegst
Auf dem Weg nicht verloren
Bin bloß stärker – härter und besser – ein
Krieger geworden

Nehme jetzt nichts mehr so leicht hin
Habt ihr es schon bemerkt - gutes Herz
Bleibt auch in mir
Weil es mir keiner nimmt

Bei all den Raubtieren
Musste mein Stolz, mein Mut, mein Wille
Genau zu dem, wie ich bin mutieren
Ich gehe entgegen meiner neuen Zeit
Ich gebe mehr – bin mehr als nur bereit

Feines Und Kleines

Ich will was feines
Was kleines
Was nicht so schwer in meinem Magen liegt
Ich will was reines
Was mein is´
Was mir auch mundet und mein Geschmack
sehr liebt

Ich will was leck´res
Was nich schnell weg is´
Etwas das noch lang den Genuss anhält
Ich will was gutes
Was tut es
Was meinen Appetit so anregt und befällt

Was kann ich tun gegen meinen Hunger
Der mich bewegt und quält
Kann ich literweise Wasser trinken
Bis dass mein Bauch gezähmt

Ich mag weder süßes   oder fettes
Was trotzdem ein Gebäck is´
Aus dem Steinofen oder mit Käse
überbacken ist
Ich mag weder Kohlenhydrate oder Kalorien
Trotzdem habe ich diese leckeren Fantasien
Ich weiß gerade nicht wie mir noch zu helfen
ist

Gebt mir eine Brezel, Pizza, Pommes,
Hamburger
Und eine Curryurst
Dazu Kroketten, Döner, Gyros und Bier
Gegen den ganzen Durst

Immer Neu

Neue Wege, neue Richtung, neue Ziele
Du kannst immer neues wählen
Wenn sich die Wege ins Nix verkehren
Und sich deine Zweifel mehren und von deinen
Kräften nähren, mach den Geist frei
Beginne dich mit neuen Entscheidungen zu wehren

Nix ist für immer, nix kann dich fesseln
Dich knebeln oder fangen
Du kannst alles neu beginnen
Musst nur aus dem Labyrinth
Deiner verstrickten Gedanken gelangen

Kein Stand ist fest, außer der auf dem du stehst
Alles kann sich ändern, wenn du dich bewegst
Nichts bleibt stehen, alles fließt, alles geht mit der Zeit
Nichts muss bleiben wie es grad ist, mach dich auf und sei bereit

Immer neu, neuer Tag, neue Ideen
Wir leben jeden neuen Tag, denn keiner
bleibt stehen
Immer neu, bleibt man auch der Alte
Alles wird neu, nur die Zeiten die mal waren,
bleiben kalte

Stille Wasser Sie Sind Tief

Meine Seele steht in Flammen
Meine Lungenflügel brennen
Es ist heute noch fast wie damals
Um anzukommen musste ich rennen

Und so wie alles ist und kam
So ist nun, wie alles lief
Heute weiß ich wer ich wurde
Stille Wasser sie sind tief

Und mein Herz, wurde so weit und fern
Wie das Meer
Und mein Geist so frei, ich stehe für mich ein
Wie ein ganzes Heer

Und mein Glaube wuchs zu Großem
Aus einem kleinen Funken Hoffnung, aus
einer Idee
Der Weg zur Feder, sie schreibt die Wahrheit
Für die ich lebe und meine Schritte geh´

Und auf meinen Wegen begegnete ich
Menschen
Diese sahen vor lauter Wälder keine Bäume
Alles Leute, ohne Hoffnung, ohne Glauben
Seelenlos, geistig arm und ohne Träume

Folge im Leben stets immer nur dir selbst
Denn auch wenn du mal fällst
Auch wenn sie es sehen, keiner hilft dir auf
Weil sie wortlos dich ansehend weitergehen

Gib Jetzt Nicht Auf

Auch wenn keiner mehr an dich glaubt
Bleib jetzt nicht liegen stehe auf
Ist es dir alles zu viel, schließ erstmal die
Türen
Mit frischer Kraft wieder nach vorne ziehen

Die letzte Runde, der letzte K.O.
Macht dich stärker, härter, besser - zeigt dir
dein Niveau
Denn du bist ein Kämpfer aus Natur
Nichts und niemand, bringt dich je aus
deiner Spur

Niederlagen muss man tiefer begraben
Bedeckt von Tränen, deinem Schweiß
Siege und Gewinne in Stolz und Würde
tragen
Du bist deines Lebens großer Preis

Kopf und Schultern, nie hängen lassen
Auch beim Fall zu Boden nie –
Die Chance zum Aufstehen verpassen
Diese niemals aus deinen Händen und den
Augen lassen

Wenn keiner mehr an dich glaubt
Wenn keiner mehr an deiner Seite steht
Keine Fahne, Keine Feder hat je verloren
Solange der Wind in ihre Richtung weht

Du kommst wieder, zu jeder Zeit
Stell alles und jeden aber niemals dich in
Frage
Beiß dich durch, zeig die Zähne
Hell, dunkel – dunkel, hell, es kommen deine
Tage

Sie Reden Und Sprechen

Sie reden und sprechen Sätze
Dir in dein Gesicht
Freundlich und höflich, doch was sie
wirklich denken
Dies sagen sie dir nicht

Ich habe die Menschen kennengelernt
Während ich das tat
Mich von ihnen mehr und mehr entfernt
Denn wer ist hier noch ehrlich und echt?

Keine Angst vor eigener Enttäuschung
Setz dich selbst nicht unter Druck
Lass sie reden, lass sie labern und setze ein
Akzent
Resultat und Ergebnis, ist was am Ende zählt

Fassaden
Masqueraden
Lügen im Hochglanz poliert
Facettenreiche Schubladen
Egotrip
Falsches Bild
Belügen und betrügen
Ist was der Mensch hier will

Exitus und Abschlussstrich
Tisch neu decken, Frischanstrich
Matten rollen, Koffer packen
Das Weite suchen, weg von diesen Fratzen

Das letzte Spiel, finaler Zug
Lass sie zurück und sei klug
Schaffe dir deine eigene Welt
Mit Herzgefühl und ohne Geld

Sie reden und sprechen Sätze
Dir in dein Gesicht
Freundlich und höflich, doch was sie
wirklich denken
Dies sagen sie dir nicht

Unser Aller Ein

Was ist mein
Was ist dein
Sag mir was ist
Unser aller ein

Was vergeht
Was bleibt
Alles was wir haben ist
Unsere Lebenszeit

Fragen an die Welt
Fragen an uns selbst
An dich, an mich
An uns

Was ist im Raum
Was in der Zeit
Wir leben, wir sterben
Sag mir was von uns bleibt

Warum Krieg - Warum Hass
Warum Leid
Was können wir tun, dass nicht alles
So trostlos scheint und alles beim Alten
bleibt

Warum Gewinn – Warum Macht
Warum Geld
Wie schwächt man Gier und Neid
Unsere Tränen bewässern die Erde unserer
Welt

Wer bist du
Wer bin ich
Wohin gehen wir
Kommt nach dem Ende wirklich nichts

Ewigkeit
Unendlichkeit
Fröhlich sein
Voller Unbedenklichkeit

Krieg und Frieden
Verzeihen und verlieben
Vergebung und vergessen lassen
Alle Liebe bezwingt das Hassen

Neu Aufgebaut

Viele Spuren sind verlaufen
Nach langer Zeit tief begraben im Sand
Sehnsüchte und Träume
Erbauten und belebten neues Land

Neue Wurzeln eingepflanzt
Alte Frucht in frischem Glanz
Bei allem was sich auch zusammenbraut
Alles wieder neu aufgebaut

Leise Stimmen verhallen im Wind
So glücklich und frei wie ein kleines Kind
Dem Rausch der Wellen lauschen, weit übers
Meer
Meine Reise war weit nun komme ich her

Frisch blühende Felder und Wiesen
Sommerdüfte die durch die Lüfte sprießen
Wie ein frischer Atemzug des Windes liegt
auf der Haut
Farbenfreude, Lebensparade, so schön bunt
und laut

Keine Zeit im Leben ist ein Ende
Ein Neubeginn kann jeder Zeit beginnen
Es liegt ganz allein unseren Händen
Lass deinen Mut und deine Träume niemals
enden

Feldauflauf

Ruhm und Stolz
Siegeszug und Ehre
Feuerfackel, Feldauflauf
Hand aufs Herz die Brust heraus

Es ertönt des Meisters-Hymne
Melodie erklingt und jede Stimme

Ring frei
Heute zählt, alles zu geben
Als Mannschaft, als Team
Wollen wir auflaufen und auftreten

Wir halten fest zusammen
Stehen füreinander ein
Alles geben bis zum Pfiff
Emblem auf Brust, Seel´ am Verein

Deine Farben sind die schönsten
So ist es und so soll es für immer sein
Glorreich und so meisterlich
Meine Heimat, mein Verein

Tabellenstand
Wir sind an der Spitze weit voraus
Den Gegnern weit enteilt
Auf das Feld kommen nun die Sieger raus

Für den Wettkampf
Motivation voll aufgefahren
Den Pokal und die Ehrung
Wollen wir auf unser eins bewahren

Die Arena hallt lauf auf
Das Spielfeld ist wie unser Heim
Wir stehen hier
Voll und ganz zu dir – hinter unserem Verein

Echt Zu Sein

Wer hält zu dir und steht an deiner Seite
Wer setzt auf dich und wer hofft auf deine
Pleite
Wer gönnt dir von ganzem Herzen mit Liebe
und Gefühl
Wem bedeutest du etwas, wer erwartet von
dir zu viel

Wer begleitet dich auf deinen Wegen durch
Licht und Dunkelheit
Wer sieht zu wenn du mal fällst wer
unterstützt dich zu jeder Zeit
Du kämpfst, du siegst, du schlägst, du steckst
ein
Jeden Moment deines Lebens willst du ganz
du selbst sein

Echt zu sein dafür braucht man eine Menge
Mut
Echt zu sein mit Emotionen von Liebe, Leid,
Bereitschaft, Wut
Elektrisiert vom Leben durch die Momente
jener Tage
Immer voll aufs Ganze ohne jegliche Frage

Kämpfen verlieren zu Boden gehen
Liegen doch dort nicht bleiben
Kämpfen, siegen, Fäuste in die Höh´
Schmerzen fühlen
Stolz über jede Wunde und jede Narbe jener
Zeiten

Echt zu sein das fällt den Menschen immer
schwerer
Echt zu sein da schlägt so manches Herz
gleich schneller
Elektrisiert vom Leben durch die Momente
jener Tage
Immer voller Glanze tief im Innern, ja immer
voll aufs Ganze

Es kostet Kraft und Mut
Ganz echt zu sein

Spiegel Dich Im Spiegellicht

Dein Verstand, dein Charakter
Wesenszug und Persönlichkeit
Spiegel dich im Spiegellicht
Und dein Bild zeigt dir Einzigartigkeit

Kein anderes Wesen
Kein Vorbild das dir wiederstrebt
Der eigene Weg
An dem du am Ende sagst, ich habe ihn
gelebt

Wo stehst du, wo stehen sie
Stehst du zu dir
Gehst du deiner Schritte Wege
Geht es noch weiter von hier

Raum und Zeit bestimmt einen Teil
Deiner Lebenszeit
Kleidung und Sprache verleiht Ausdruck
Deinem ganzen Geleit

Gewandtheit und Bildung
Sei sorgfältig bei diesem hohen Gut
Spreche deiner Zunge
Wohlgesonnen mit Herz und Mut

Bewahre in dir die Kindheit
Und den Weg zur Vollkommenheit
Wir erreichen nie die Perfektion
Denn unser Weg ist zum Lebensende weit

Das Letzte Wort

Würden somit am heutigen Tage
Meine letzten Atemzüge verstreichen
Möge ich mitteilen, die Welt war schön
Die Liebe meiner Engsten war
Mit keinem, erdenklich, materiellem
Reichtum zu vergleichen

Ich liebe dieses Leben
Die Menschen die es zeichnen
Und mich auf meinen Wegen begleiten
Meine Familie, die mich liebt und mir
Seit der Wiege die Liebe schenkte zu jeder
Zeit
Auch wenn ich meine Entscheidungen traf
Und in so manch verkehrte Richtungen
lenkte

Ich liebe die Frau an meiner Seite
Weil sie mich liebt
Nicht nur in meinen Sonnenzeiten
Auch in tiefer Dunkelheit, in tiefschwarzer
Nacht
Bei Schatten und im Nebel, gibt ihre Liebe zu
mir niemals nach

Die Freunde die mich begleiten
Auch die, die gingen, meine Güte, ja geht auf
Reisen
Und was mich das Leben über Feinde lehrte
Kein Satz mehr an ihnen zu verschwenden
Denn die Liebe, sie siegte in mir
Gab mir die schönsten Gefühle, die höchsten
Werte

Du Bist Der Halt

Du bist der Lichtblick
In aller Dunkelheit
Bringst die Sonnenstrahlen
Die Schatten ziehen weit

Du bist der Trost
Wenn ihn niemand spenden mag
Ohne nach dir zu fragen, bist du da
Du trägst mich durch den Tag
Durch den Tag und durch die Nacht
Bis ein neuer Morgen erwacht

Bist der Leuchtturm
Auf dem weiten, offenen Meer
Die Rettung im Sturm
Die Zuflucht, meines Schutzes Wehr

Du bist der Halt
Wenn ich zu weit treib
Verrenne ich mich in etwas
Lässt du mich nicht allein

Du bist mein Anker
Mein zu Haus´ wenn ich angekommen bin
Bist an meiner Seite
Wenn ich alleine kämpf im Sturm und Wind

Du bist der Regenbogen
Bringst mir Farbe ins Dunkelgrau
Wenn ich auch an nichts mehr glaube
Bist du die, der ich blind vertrau

Wie weit meine Wege auch noch gehen
Wie weit ich auch noch laufe
Meine Hand für dich im Feuer
Deine Liebe ist, meiner Phönix Taufe

Ich Schätze Deine Liebe

Warum habe ich dich so lieb
Du bist für mich, wie mein liebstes Lied
Bist der Songtext, die schönste Musik
Bleibst für immer meine Liebe, für die ich
dies hier schrieb

In meinem Leben ja
Schrieb ich schon viel
Doch bei dir blüht mein Herz auf
Du bist mein schönstes Gefühl

Du liegst mir auf der Haut
Deine Lippen, sind auf meinen so vertraut
Das wird es im Leben nie wieder geben
Ich weiß genau, du bist das Beste, wir
mussten uns begegnen

Und ich schreibe hier mit Herz und Seele
Die Liebe zu dir die mich innerlich vor Glück
zerreißt
Das mit uns ist nicht einfach nur so
Da ist mehr was unsere Herzen
zusammenschweißt

Weiß Gott bin ich kein König
Weiß Gott bin ich kein Millionär
Meine Wege waren schwierig
Und darum schätze ich deine Liebe zu mir
wirklich sehr

Weiß Gott ja ich bin ein Träumer
Manchmal ´n großer, mal ´n kleiner
Doch die Träume die ich habe
Du lässt sie mich leben, nein sie nimmt mir
von denen keiner

Weiß Gott ich war nie der Beste
Hab meine Kanten, meine Fehler
Doch deine Liebe trägt mich
Durch dieses Leben, so sanft und fein wie
eine Feder

Feuer In Meinen Augen

Es brennt ein Feuer in meinen Augen
Umher schlägt ein wildes Flammenmeer
Mein Ehrgeiz wird angetrieben von meinem
Glauben
Er brennt lichterloh und schwer

Wie eiserne Zahnradketten
Die in meinem Innern kontrolliert rotieren
Kraft, Energie und Stärke
Mein Wille lässt meinen Herzschlag
pulsieren

In meinen Adern fließt Benzin
Durch die Lungen pumpt das Kerosin
Das Herz – der Motor gewonnen aus
Eisenerz
Ventile schlagen wie Flügel aus Dynamit
Mein Ehrgeiz ist ein wahres Feuerwerk
Mein Glauben der weite Horizont
Für was ich einstehe kann ich brenn´
Weit über das ganze Firmament

Nichts bringt mich vom Glauben ab
Nichts führt mich von meinem Weg
Ich gehe meine Strecke
Meine Träume für die ich leb´

Das Licht Kommt Zurück

Wenn du das Gefühl hast
Dass die Welt dir ein Loch in den Boden
reißt
Wenn du denkst
Dass dich nichts mehr hält wonach du greifst

Wenn dir dein Atem
Zu stocken droht und du um Luft schnappst
Wenn du das Gefühl hast
Ausgepowert ohne Kraft du
zusammenklappst

Dann mach dir klar
Nichts bleibt so wie es mal war
Nach jeder Dunkelheit, folgt auch wieder
Licht
Dämme können brechen, aber dich zerbricht
hier nichts

Mach dir klar
Du brauchst einfach etwas Zeit
Ruhe und Kraft gegen die Schatten, denn sie
engen dich ein
Heute sind sie dir noch nah, doch auch diese
ziehen vorbei

Bei aussichtslosen Situationen
Und auch bei schweren Lebenslagen
Das Licht kommt zu uns zurück
Wenn wir es tief in uns tragen

Schenk der Hoffnung und der Zuversicht
Den Glauben und deine ganze Kraft
Nur wer seine Wege bis zum Ende geht
Hat es bis zu seinem Ziel geschafft

So Viele Von Ihnen

So viele Redner
So viele Schwätzer
Beim Schwafeln die Ersten
Beim Taten setzen die Letzten

Sie geben ihr Wort
Doch es ist gefüllt mit Leere
Es gibt so viele von ihnen
Ziehen dich nach unten, wie die Schwerkraft
der Erde

Reden – bla, bla
Sagen – Ja, ja
Dabei? Türlich na klar!
Und ist es soweit, sind sie nicht da!

Labern – bla, bla
Versprechen – Ja, ja
Immer dabei? Türlich na klar!
Und ist es soweit, sind sie nie da!

Von allem ein Wissen
Auf Menschen großen Wortes
Und kommt es auf wirklich drauf an
Sind sie andern Ortes

Viele Versprechen
Doch die kann man wieder brechen
Worte ohne Inhalt und ohne Bedeutung
Beim direkten Atemzug, spricht die
Verleumdung

Zu viel wird geredet zu viel gesagt
Am Ende bleibt, doch alles was war
So läuft es ab, Tag für Tag
Gestern, heute, morgen, jedes neue Jahr

Meine Liebste

Im Dorf, im Dorf
Im schönen Hinterland
Mein Herz dort
Meine Liebste fand

Im schönen Kurort
Durchs Bergland
Gehen wir gemeinsam
Nun beide Hand in Hand

Durch die Wälder
Und über die Wiesen
Mit der Liebsten
Das Leben leben und genießen

Mein Mädel vom Dorf
An das ich mein Herz verlor
Die Schönheit dieser Blüte
Des Gedeihens Sorge trage, ich mir schwor

Durchs Leben gehen Herz an Herz
Das ist eine Hinterländer Liebesgeschicht´
Es zu erwähnen allemal
Wie ein schönes Liebesgedicht

Mit Eigener Kraft

Volle Fahrt voraus
Mit eigener Kraft
Im eigenen Saft
Mein Blut, mein Schweiß, meine Tränen

Stolz, Würde, Ehre
Keine Angst kann mich zähmen
So viele Träume
Kann sie nicht mal alle zählen

Mitte des Lebens
Nach der Blüte kommt das Gedeihen
Tage zurückgelegt
Das Erwachen des Bewusstseins

Viele Pfade, viele Wege
Geschunden, gewunden, im Reinen
Vergänglichkeit des Lebens
Für das Schöne meines Seins

Wunden gelitten
Narben verzieren die Seele
Alles was kam, alles was ging
Sind des Lebens Belege

Wie Alles Zu Staub Zerfällt

Ohne dich
Ist die Welt nicht mehr
Was sie mal war
Du warst ein Teil
Und nun fehlst du hier
Die Zeit macht es klar

Und es gibt Keinen
Der die Zeit aufhält
Und mir kommt es vor, so als ob
Alles zu Staub zerfällt

Unsere Bilder
Unsere Zeiten
Erinnerung der Kindheit
Versuche sie festzuhalten

Doch es gelingt mir nicht
Alles was bleibt
Ist dieses Gedicht für dich
Die Zeit verstreicht
Einfach immer so weiter
Vom Morgengrauen bis ins Abendlicht

Wie Ähnlich

Weißt du eigentlich
Wie ähnlich wir uns sind
Tragen unsere Träume
Entgegen dem Sturm, durch jeden Wind

Schauen mit verschiedenen Augen
Doch fühlen so als wären wir eins
Deine Welt und meine drehen sich
In gleicher Laufbahn, im selben Kreis

Wir gingen gemeinsam lange Wege
Nur die Richtungen waren nicht gleich
Und seit wir uns begegnet sind
Sind unsere Herzen im Takt
Und durch unsere Liebe wirklich reich

Wie ähnlich wir uns doch sind
Was wir denken, was für fühlen
Wie wir uns sehen im hellen Schein
Du und ich für immer, anders
Soll es im Leben nie wieder mehr sein

Deine Nähe, deine Liebe
Deine Gedanken ähneln meinen
Sehen uns, verstehen uns
Ohne auch nur ein Wort zu reimen

Königreich

Wenn dichte Schatten sich verziehen
Können Gedanken in die Freiheit fliehen
Neue Träume bauen sie entstehen
Wo vorher einst eisige Winde wehten

Ein großes Schloss voller Freude
Glück und Zuversicht will ich errichten
Zu jeder Zeit in jeder Stunde von
Herrlichkeit
In Schönheit dichten

Die Zeit erkläre ich zum König
Den Mut zum edlen Ritter
Ängste und Zweifel stellen Weichen
Und zerspringen in 1000 Splitter

Verteilen sich in 1000 Scherben
Denn diese bringen Glück
Die Prinzessin ist die Weisheit
Mit ihr kommt Helligkeit
Ins Reich der Dunkelheit zurück

Neue Wege
Sollen sich ebnen
Pfade mit der Chance

Allem Guten zu begegnen
Friede Freude
Für alle Zeit im Herzen
Nie wieder Tod oder Teufel
Zu ihrem Mahnmal brennen Kerzen

Opas Geburtstag

Nach so vielen Jahren
Bleibt mir immer noch so viel zu sagen
Vor allem DANKE für die Zeit
Durch manche Abschnitte hast du mich
mitgetragen

Uns trennt die Zeit
Dagegen können wir nichts tun
So verläuft das Leben
Doch die Erinnerung sie bleibt

Dies Ganze soll nicht traurig werden
Und so klingen
Aus dem Grund will ich Freude in
Diese Zeilen bringen

Dankbar für jeden Tag, jeden Moment
Bin ich ganz tief in mir
Für all die Zeit die wir teilen können
Im Jetzt und Hier

Und darum feiern wir –
Auf dich! Auf dich!
Dass du noch lange – lange Zeit
Bei uns bleibst und bist

Wenn auch die Jahre vergehen
Wenn auch die Winde wehen
Erinnerungen und Werte bleiben
Für alle Zeit bestehen

Wir wollen feiern
Nicht nur heute jeden Tag
So lange und so oft
Wie das Leben uns noch lässt

Wir sollen im Leben
Glücklich und zufrieden sein
Wir alle leben ewig – weil keiner von uns
Je die Erinnerung vergisst

Der Wind Tanzt Durch Die Straßen

Der Wind tanzt durch die Straßen
Die Abendluft wird kühl
Die Blätter der Bäume färben sich
Welch herbstliches Gefühl

Die Tage werden kürzer
Die Wochen werden kälter
Das Jahr neigt sich dem Ende
Wir alle werden wieder ein Jahr älter

Herbst – Herbst zu fühlen in der Luft
Zu sehen an der Farbenpracht
Zwischen dem Sommer und dem Winter
Wo der letzte Strahl der Sonne lacht

Dann kommt die eisige Zeit
Winterliche Kälte und Dunkelheit
Bis hinein ins Frühjahr bis alles
Wiedererwacht und wächst und gedeiht

Frühjahr bis zum Sommer
Wo das Leben wahrhaftig lebhaft ist
Wo die Sonne ihre Wärme schenkt
Und an die Eiszeit nicht zu denken ist

Schicksalskinder
(Kinder Am Ende Des Horizonts)

Halt dich fern von Leuten
Die dich runterziehen
Die dir nichts geben dir nicht helfen
Lass sie weiterziehen

Sie haben großes Interesse
An allem aber nicht an dir oder wie es dir
geht
Nie kommt die Frage
Wie es grad wirklich um dich steht

Man geht den Weg der Linie entlang
Die Zeit vergeht
Bis man halt erst begreift
In welche Richtung man sich bewegt

Traurig – traurig doch leider ist es wahr
Live gesehen live erlebt –
Live ist es wie es war

Schicksalskinder
Belogen von der Zeit
Von des Lebens Menschen oft betrogen
Entfernt aller Freude und Glückseligkeit

Trotzdem den Weg gefunden
Den der harten Wahrheit gegangen
Oft am Ende fallend angekommen
Nach Enttäuschung immer wieder
aufgestanden

Kinder am Ende des Horizonts
Belogen von der Zeit
Von des Lebens Menschen oft betrogen
Entfernt aller Freude und Glückseligkeit
Trotzdem den Weg gefunden

Zu Deiner Kraft Und Deiner Stärke

Glaub an dich und vertrau auf dich
Auf das was du willst und kannst
Auch wenn nicht alles gleich gelingt
Manches braucht Zeit – doch es ist und bleibt
deine Chance

Ob beruflich oder privat
Im Taumel voller Zuversicht
Gibt es nichts was du nicht schaffen kannst
Es sei denn du probierst es nicht

Mal einen Griff daneben
Ist keine Schande – gehört zum Leben
Daraus lernen wir daran reifen wir
Stehen fester noch im Leben hier

Bei keinem Menschen
Verläuft alles reibungslos alles super – alles
glatt
Auch der – der im Leben was erreicht
Ist jener der mal unten angefangen hat

Erfolge Siege und Triumphe sind nicht
immer
Qualifikation oder Zertifikat
Sondern nicht aufzugeben und das wirst du
nicht
Denn glaube mir – auch mal nach
Rückschlägen kommt ein neuer Tag

Es kommt auch die Erkenntnis –
Aus jedem Lernen,
ziehst du Kraft und wirst du stark

Tief Aus Deinem Herzen

Hast du Bock auf neue Dinge
Setze deine Fußstapfen statt anderen zu
folgen
Leb dich aus und deine Stimme
Schrei es raus – lass die Sonne scheinen und
es lockern sich die Wolken

Handle tief aus deinem Herzen
Zu jeder Zeit in jedem Augenblick – nimm
dich deiner an
Lern die Dinge neu zu schätzen
Alles was nun beginnt ist was Großes – was
jetzt entstehen kann

Hast du Bock auf frischen Wind
Setze die Segel weit der Zeit enteilt – treib
entgegen dem Horizont
Hör auf das was deine Seele singt
Siehst du die weite Freiheit und spürst du
die Freude – die dich überkommt

Schenk deine Kraft deinem Willen
Hör auf die Sehnsucht tief in dir – lass sie zu
und folge ihrem Ruf
Gedanken sammeln sich im Stillen

So durchbrechen wir die Nebelwände – die
sich jeder von uns einst schuf

Tief aus deinem Herzen
Handle tief aus deinem Herzen
So durchbrichst du jede Mauer überwindest
Grenzen erträglicher werden
All die Narben – der Mut und Stolz
überdauern deine Schmerzen

Aus reiner Überzeugung
Handle aus deiner Überzeugung
So überwindest du Hindernisse lässt im
Schatten stehen was schwierig war
Fang an – an dich zu glauben und alles
wovon du träumst wird Wirklichkeit und
wahr

Du Hast Träume

Du hast Träume – erzähle mir davon
Lass sie dir nicht nehmen
Sie können dich tragen und halten dich am
Leben
Du kannst durch sie atmen

Du hast Wüsche – verrätst du sie mir
Ich sage dir meine
Ich mach mich auf den Weg zu dir – nimm
meine Hand
Ich reiche sie dir

Du hast Ziele – zeigst du sie mir
Ich renne mit und folge dir
wir sind uns ähnlich kann es fühlen hören
und sehen
Lass uns losgehen – wir bleiben nicht länger
hier stehen

Reiß dich los und mach dich frei
Hol mich ab und komm bei mir vorbei
Wir laufen rennen und springen
Lass uns nicht bremsen nicht beirren
Wir sind mehr – wir können es schaffen

Ich gebe meine Träume – niemals auf und
niemandem her

Du hast Ängste – ich habe sie auch
Wir können sie teilen
Wir können uns alles zeigen und uns heilen
Gehen gemeinsam durch die Zeit

Du hast Sorgen – sei getrost ich kenn sie
Sie waren mein Leben
Wir haben jetzt die Chance komm mir
entgegen
Lass uns vereint dem Leben nun begegnen

Du hast Zweifel – ich nimm sie dir
All den Schmerz trag ich auch in mir
Lass uns tanzen singen und vor
Lebensfreude
Über den Schatten springen - ich weiß wir
können es –
Ja wir können es

Selbstliebe

Hast du schon mal in dich hineingeblickt
Auf der Suche nach dir selbst
Hast du jemals selbst dein Herz berührt
Dass die Flamme des Lebens dir den Weg
erhellt

Bist du auf der Suche
Auf der Suche nach dir selbst
Hast du das Gefühl in dir
Dass da etwas ist und dass du dir auch genau
– so gefällst

Hast du dich selbst gefunden
Nach so langem Suchen
Die Erkenntnis und das Einsehen
Du kannst den Preiswert auf dich verbuchen

Selbstliebe – die Selbstliebe
Ist der Weg mit offenem Herzen in diese
Welt
Selbstliebe – die Selbstliebe
Ich wünsche sie jedem und dass sie jeden
Menschen empfängt

Die Selbstliebe
Ist das Mittel das die innere Wunde heilt
Das Schmerzen vergehen können
Jede Narbe und jedes Leid

Wer sich selbst lieben kann und es schätzt
Kann in der Welt mit offenen Armen leben
lernen
Wer sich selbst nicht liebt und verachtet
Schafft sich die Dunkelheit auf Erden und
bringt so das Verderben

Du kannst so viel erreichen
Lass deine Liebe in diese Welt entweichen
Was kostet es – ein Lächeln hier zu schenken
Während wir trauriger Weise den Hass und
die Gewalt in Parolen senden

Selbstliebe – die Selbstliebe
Ist der Weg mit offenem Herzen in diese
Welt
Selbstliebe – die Selbstliebe
Ich wünsche sie jedem, dass sie jeden
Menschen empfängt

Die Selbstliebe
Ist das Mittel das die innere Wunde heilt

Das Schmerzen vergehen können
Jede Narbe und jedes Leid

Geh Deinen Weg

Du stehst da – gestanden und gewachsen
So trittst du nun ans Leben ran
Geh deinen Weg – mit jedem Schritt gehst
deiner Bestimmung
Stetig und fortan

Du bist nicht mehr das Kind – erkenntlich für
die Welt
Doch tief in dir ist es da geh deinen Weg
Mit jedem Tag – stehst du deinen Mann
Tief in dir ist das Kind dir doch so nah

Nur weil die Welt meint – nur weil die Welt
verneint
Du darfst nicht mehr so sein
Du musst jetzt anders sein – lass dich nicht
biegen und nicht brechen
Sie hält dich nur klein

Du bist das Kind - das du mal warst
Lebe es aus und lass es zu – du wirst es
immer sein

Du bist Erwachsen und der Verantwortung
gerecht
Deines eigenen Seins gegenüber – nun geh
deinen Weg
Mit jedem Jahr – wird dein Werdegang
stärker
Alles was mal war ja es geht vorüber

Du bist nicht mehr die Jugend – ersichtlich
für die Welt
Doch tief in dir da ist sie da geh deinen Weg
Mit jedem Atemzug – spürst du den Spirit
von ihr
Weil sie dich am Leben hält

Nur weil die Welt meint – nur weil die Welt
verneint
Du darfst nicht mehr so sein
Du musst jetzt anders sein – lass dich nicht
biegen und nicht brechen
Sie hält dich nur klein

Du bist das Kind – das du mal warst
Lebe es aus und lass es zu – du wirst es
immer sein

Du Willst – Dann Musst Du Tun

Du willst etwas ändern
Dann musst du es tun
Nicht nur drüber reden – mach etwas und
setz es um
Statt nur auf der Stelle zu treten

Du hast genug
Von all dem – was dich umgibt
Dann geh es an – weil man durchs Zusehen
Die Probleme nur verschiebt

Du bist am Meckern
Doch nach Lösungen der Dinge suchst du
nicht
Du bist unzufrieden – dann tu etwas dagegen
Ich sag dir etwas was deinen Worten nicht
widerspricht

Du resignierst
Weil du denkst – dass du alleine bist
Solange du so denkst wie du es tust
Bleibt alles so wie es ist

Was ich alles in mir trage
Kann ich echt niemandem geben
Ich kann es erzählen
Doch es ist ganz mein eigenes Leben

Man kann mir zuhören
Tipps und Ratschläge geben
Doch dies alles umsetzen wollen
Aus diesem Schatten – muss jeder selbst
raustreten

In Einem Land Fern Ab Unserer Zeit

In einem Land fern ab unserer Zeit
Wo es noch Feen und Elfen gibt
Frei von bösen Geistern
Wo der Mensch noch Tier und Heimat liebt

Unsere Welt – die wir einst bepflanzt
Ist verwüstet sehr verdreckt und beschmiert
Weil hier der Tod und Teufel in Freude tanzt

Wir trugen die Frucht – zur Muttererde
Liebe
Doch was haben wir getan
Wir sind am Morden und am Töten
Die Tränen laufen denn in unseren Augen all
die Kriege

Nimm mich mit – bitte nimm mich mit
Auf eine weite Reise weg von diesem Elend
Lass uns gehen denn ich will leben
Doch die Soldaten und die Herrscher werden
es uns nehmen

Diese Dunkelheit - sie kann niemals Heimat
sein
Der Schleier fällt – Traurigkeit
Kinderleben enden – wie kann der Mensch
so grausam sein

Gibt es noch Hoffnung bei all dem Leid
Was der Mensch dem Andern fügt hier zu
Warum sind die Feen und die Elfen
In einem Land fern ab unserer Zeit

Wer hat sie vertrieben und wer hat sie
fortgeschickt
Ist der Mensch durch Hass und Neid hier
So verdorben – kann Gott uns Menschen
Denn noch retten und noch lieben

Nimm mich mit – bitte nimm mich mit
Auf eine weite Reise weg von diesem Elend
Lass uns gehen denn ich will leben
Doch die Soldaten und die Herrscher werden
es uns nehmen

Menschensammler

So zog ich über Stadt und Land – ging über
Stock und Stein
Viele meines Weges kamen – doch sie
blieben nicht dabei
Die Zeit ist verstrichen und die Momente
vergehen
Dinge passieren – weil sie einfach geschehen

Ich ging mit Stock und Hut in diese Welt
hinaus
Bei all dem weiten Weg verlor ich niemals
Die Erinnerung an mein Elternhaus
mit dessen Bild im Herzen trug es mich dort
in die Welt hinaus

Heute sehe ich die Spuren meiner Wege
Ich komme zurück - ich komme zurück
Ich komme zurück
Um meinen Weg von vorn – nochmal zu
gehen

War ich ein Menschensammler
Voller farbenfroher Bilder und lebhaften
Geschichten
Momente die ich erlebt habe

Festgehalten – in Lieder Reimen und
Gedichten

Bei allem was da war – was alles mal
geschah
Gehört nur noch der Erinnerung denn von all
dem ist nichts mehr da
Die Zeit sie hält nie an und sie nimmt ganz so
ihren Lauf
Heute komme ich mit Tränen in den Augen –
vor die Türe bei mir Haus

Was Ist Zeit

Zeitverschwendung
Zeitvergeltung
Zeitrechnung
Zeit der Endabrechnung

Zeit des Siegers
Zeit vorbei des Verlierers
Zeit für Zeit
Neue Zeit bin bereit

Entgegen der Zeit
Voraus der Zeit
Zeit vergeht
Auch der Kummer und das Leid

Was ist die Zeit
Wie hoch ist ihr Wert
Die Gewichtung bestimmt ein Jeder selbst
Wie hoch ist ihr Wert
Zeit vergeht
Sag mir was läuft auf der Welt verkehrt

Zeitabschnitt
Zeitvertreib
Die geilste Zeit
Komm sei dabei

Die Zeit sie verfliegt
Die Zeit kommt und geht
Zeit für Zeit
Sag was für die Zeit besteht

Das Bild Der Erinnerung

Wir sind nicht mehr die Kleinen
Denn es vergingen die Jahre
Wir werden zu jenen die wir sind
In der Wahrheit stets das Wahre

Wir reisen durch die Zeit
Durch jenen Tag und durch jene Nacht
Durch das Licht und die Dunkelheit
Immer weiter bis das Bewusstsein in uns
erwacht

Wenn das Leben dich in die Knie zwingt
Und deinen Kopf unter Wasser hält, halte
dagegen an
Spuck das Wasser raus denn –
Steht das Wasser nur bis zum Hals atmet
sich es leichter wieder ein und aus

Glaube an deine Träume und folge deinen
Zielen
Verliere keinen Gedanken an das Glück
Lebe für deine Wahrheit und folge dem Ruf
der Hoffnung
Und du findest deinen Weg zu dir zurück

Bist du wahrhaft glücklich
Dein Glauben an dich und an all das Gute
Er ist unerschütterlich

Wären die Wege nicht verlaufen
Genauso wie sie es sind
Wo stünde ich heute
Wäre noch schutzlos wie ein Kind

Wären die Tränen nie geflossen
Gäbe es heute nicht dieses Meer
In dem all meine Träume und Wünsche
schwimmen
Doch sie gehören doch alle mir

Was war es doch für eine Zeit
Sag mir ist alles jetzt hier um
Lebe ich nun glücklich
Und halte in den Händen das Bild der
Erinnerung

1000 Träume

1000 Träume
1000 Wege
Ich renne und überlege
Ich laufe und stehe

Gedanken kreisen
Gedanken fliehen
Die Wolken über mir
Die sich zum Gemälde zusammenziehen

1000 Pfade
1000 Stunden
Ich renne und überlege
Ich pausiere während meiner Runden

Bleibe ich stehen
Dreht sich die Welt
Doch halte ich sie fest
Drehe ich sie so – wie sie mir gefällt

1000 Steine
1000 Kratzer
Ich überdenke und poliere
So manche Splitter – manche Patzer

Ich schleife und feile
Mir die Zukunft schön
Nicht zu Glitzer – dennoch
Im hellen Glanz zu sehen

1000 Chancen
1000 Ziele
Mit den Gefühlen so manches Mal
Zwischen Tür und Angel – Tisch und Stühlen

Der Anker meines Glaubens
Im Meer der Hoffnung angelegt
Mein stiller Wille der nun –
Als Sturm über die Wellen fegt

1000-mal davon geträumt
Mehr als 1000 holprige Schritte – Zweifel
waren da
Doch der Wille ans Gelingen
Ist stärker als es – das Scheitern jemals war

Tausende von Schritten
Lange Wege hinter mir
Ich glaube ganz fest an mein Ziel
Denn immerhin – stehe ich schon hier

Verlorene Freundschaft

Dachten wären uns verschworen
Für die Freundschaft geboren
Doch haben uns irgendwo
Auf dem ganzen Weg verloren

Alles im Leben vergeht
Was uns auch bewegt
Es ist der Wind der Zeit
Der uns durch das Dasein fegt

Verlorene Freundschaft
Wege die mal eins waren verliefen dahin
Heute ist alles anders wie es war
Waren wir doch damals nicht – die wir heute
sind

Verlorene Freundschaft
Verlorene Zeit
Alles findet sein Ende
Alles was ist – wird zur Vergangenheit

Es scheint mir als bekäme ich
Keine Luft zum Atmen
Die Wolken sie malen ein Bild
Doch es ist ohne Rand und ohne Rahmen

Die Wolken verschwimmen in sich
Versammeln sich ganz dicht
Als wollen sie mir etwas zeigen
Doch bei allen Mustern – ich verstehe nichts

An manchen Tagen scheint es mir
Als schnürt sich mir die Kehle zu
Kein klarer Gedanke – nur trüber Blick
Ich will entrinnen doch komme nicht zur
Ruh

Zu viele Worte in meinem Kopf
Zu viel Gedanken die sich bewegen
Ein zu großer wirrer Haufen
Hat mich erwischt – und ich halte dagegen

Alles zu viel für
Bauch und Herzgefühl
Ich dachte die Freundschaft bleibt für immer
Jetzt ist nur noch ein kleiner
Hoffnungsschimmer

Des Malers Kunstwerk

Wie hört sich ein Lied an
Ohne eine Melodie
Wie liest sich ein Buch
Wenn es kein Cover hat

Was wären wir ohne unsere
Träume und ohne Phantasie
Leben ohne Farben
Das Leere statt Fülle hat

Was wäre ein Gedicht
Ohne den Wert des Dichters
Was wäre ein Kunstwerk
Ohne des Malers Sinn

Wir alle streben nach
Der Helligkeit des Lichts
Laufen aus der Dunkelheit
In Richtung Hoffnung hin

Welt ohne Farben
Mensch ohne Traum
Ich glaube trauriger und sinnfreier
Wäre ein Leben kaum

Hör Auf Dich

Hör auf das Innere
Was tief in dir ist
Nimm dich dem Ganzen an
Es ist das was du bist

Sei du selbst
Steh dafür ein
Geh deinen Weg
Du bist nicht allein

Gedanken kreisen hin und wieder
Doch auch wenn sie mal da sind
Du findest Halt in deiner Mitte
Fühl dich frei lass dich tragen vom Wind

Hör auf dich
Hör auf die Stimme tief in dir
Folge deinem Herzen
Befrei dich von Zweifel Panik jetzt und hier

Leb das was du fühlst
Und für das was du liebst
Du wirst bekommen
Wenn du dem Leben etwas gibst

Ein Bier Zu Viel

Dunkel war es
Der Mond schien helle
Ein Bier zu viel
Ich trat von der Schwelle

Alle Tage wieder
Wird getrunken und gefeiert
Ein Bier zu viel
Es wird gesoffen und gereiert

Noch einen Whisky – noch einen Korn
Und ich habe einen am Dorn
Noch einen Cognac und ich geh
Abgefüllt habe einen im Tee

Hell war der Mond
Meine Nacht voll Schatten
Hab es übertrieben
Am Zaun fehlen alle Latten

Ernüchterung
Am nächsten Morgen
Was für eine Nacht
Verzichte glatt aufs Wiederholen

Einfühlungsverhältnis

Es war keine leichte Zeit
Viele Weichen habe ich gestellt
Meinen Standpunkt behauptet und vertreten
Ist nun mein Ding auf dieser Welt

Und so kämpfte ich an
Tag für Tag mit allem was ich geben kann
Kämpfen verlieren aufstehen
Den Blick Richtung Himmel um die Sterne zu
sehen

Die Kindheit war eine harte
Bewährungsprobe
Das Einfühlungsverhältnis
War nie leicht zwischen Jugendzeit –
Dem Erwachsen werden – diese Probezeit

Hart gekämpft und eingesteckt
An mir gearbeitet und gefeilt
Hab vieles hinter mir zurückgelassen
Entgegen meiner Zeit geeilt
Ich lernte unter Tränen zu lachen
Nach einem Niedergang –
Nicht gleich aufzugeben
Und so geh ich nun durchs Leben

Die Frau Im Spiegel

Die Frau im Spiegel perfekt sitzt ihr Haar
Wimperntusche und Lippenstift
Tief im Innern weint sie
Denn dies war für sie immer Gift

Ihr Kleid so weiß wie Schnee
Lidschatten pechschwarz Augen braun
Ganz glatt ist ihr Haar wunderschön ihr
Ebenbild
Doch ihre Blicke leer Gedanken flüchten in
einen Traum

Zarte Haut die Kette sitzt
Der Rubin schmückt ihr Dekolleté
Innerlich zerrissen Schmerz den niemand
sieht
Jede Erinnerung an das was war tut ihr sehr
weh

Für die Männer die wahre Schönheit
Im Innern herrscht die reine Qual
Ein Lächeln in ihrem Blick das täuscht
Alle denken ihr geht's gut doch all dies ist
leider nicht wahr

Schön wie eine Puppe
Hübsch wie die Königin ihres Volkes
Die Größe ihres Herzens
So hoch von Wert als der jeden Goldes

Sommernächte

Der letzte warme Sommerwind
Braust über Haut und durch das Haar
Ganz sanft aber doch geschwind

Die letzten Sommerträume
Trägt der Wind davon
Es kommt der Herbst Blätter rascheln
Sie fallen von den Bäumen

Die letzte warme Abendluft
Der letzte Hauch des Sommers
Versprüht seinen süßen Duft

Die Bars und die Cafés
Sind besetzt bis ins Abendrot
Sparziergänge entlang am Uferfluss
Die Lebensfreude spricht zum Abendlob

Eine frische Welle Meerespriese
Der Rausch des Wellengangs
So verzaubernd und berieselnd

Die letzten Träume trägt der Wind
Durch Herbst und Winter

Bis sie nächsten Sommer erneut am Leben
sind
Wunderbare sonnige Tage warme Nächte
Sommer auf meiner Haut
Keine Zeit ist schöner als
Sommermärchennächte

Liebe Leserinnen und liebe Leser,
konnte ich Ihren Gedanken und den Gemälden
Ihrer Vorstellungen mit meinen Texten
näherkommen, konnte ich Sie mitnehmen, Sie
gar abholen in welcher Lebenslage Sie sich
auch derzeit befinden oder womöglich
befunden haben oder sich eines Tages einmal
befinden werden.

Meine Liebe zur Literatur wurde mir mit in die
Wiege gelegt und diese auszuleben ist meine
wahre Vollkommenheit, meine Berufung und
noch schöner und zufriedenstellender ist es,
diese geschaffenen Werke, Ihnen nun zur
Teilhabe bereitstellen zu können.

Beste Grüße bis zur nächsten Reise

Christian Hofmann

Nachwort zur Neuauflage

Ich erinnere mich an die Zeit im Herbst 2019.
Es war im Oktober...

Bei der Buchmesse in Frankfurt am Main, habe ich für mein erstes Buch Flyer verteilt, bekam Feedback der Besucher – es war eine tolle Zeit und ich freue mich auch in diesem Jahr wieder auf der Buchmesse unter meinen Leserinnen und Lesern zu sein.

Neben den Bühnenauftritten ist es auch bei anderen Veranstaltungen für mich immer wieder ein besonders schönes Erlebnis dem Publikum nahe zu sein.

Bis dahin, beste Grüße – habt eine schöne Zeit

Christian Hofmann, 2021

Christian Hofmann, geboren am 5.3.1986 in Biedenkopf bei Marburg, schreibt seit dem Jahr 2006 Texte aus dem und über das Leben.

Das Bild wurde auf der Buchmesse in Frankfurt am Main 2019 aufgenommen.

Christian Hofmann betritt seit dem November 2015 Bühnen im hessischen Marburg.

Neben diesen Publikationen, hat er mit diesem Band ENTGEGEN DER ZEIT – AUS ALLEN LEBENSLAGEN das erste Buchformat veröffentlicht. Seit dieser Veröffentlichung sind weitere Buchbände seines Sammelwerkes erschienen.

Weitere Quellen zum Autor:

Facebook: Christian Hofmann
Facebook: Entgegen der Zeit
Youtube: Christian Hofmann/Entgegen der Zeit
Youtube: Marburger Abend

Bühnenveranstaltungen in Marburg:

Ab 2015 – Marburger Abend, KFZ
Ab 2018 – Jugendhaus Compass, KreativCouching
Ab 2018 – Waggonhallen, Systemverdichtung

2019 – Kleine Bühne, Gießen